JN440277

목련우체국

김복순 시집

문학의전당 시인선
246

목련우체국

김복순 시집

문학의전당

시인의 말

잃어버린,
잊어버린 언어들을 찾아 나선다.

먼 길을 돌아
시가 내게로 온 순간을 기억하며
얼어 있는 언어들을 모두 녹여내고 싶었다.

꿈을 먹고 살던 파랑새
불면의 밤을 함께 지새우던
내 안의 파랑새를 이제, 날려 보낸다.

더 이상,
내 안에 가둬둘 수가 없다.

2017년 2월
김복순

차례

제2부

제3부

제4부

제1부

꿈

풀꽃들은 풀꽃답게
그냥 내버려두자
우물가에는 역시 앵두나무
내가 제일 좋아하는 백목련은 한가운데에 두고
사과나무 밑에는 간이의자를 놓아야지
살구나무도 몇 그루 들여와야겠다
시큼한 살구에 얽힌
몇 방울의 눈물쯤이야 들키지 않으리라
부질없는 욕심이 고개를 들면
푸른 쌈에 된장을 발라 도로 삼켜버려야지
그렇게 나른한 봄날
수취인 없는 편지를 쓰고 읽으며
내밀한 사랑이 저 혼자 슬퍼지지 않도록
그래, 울타리는 치지 말자
바람과 태양이 오래 머물 수 있게

생각의 환승

외출을 서두르는데
블라우스 단추 하나가 툭 떨어져나간다
바늘과 실을 찾아 단추를 꿰려는데
이번에는 단추가 또르르 굴러 달아난다
돋보기를 쓰고서도 단추 하나를 이기지 못해
이마엔 땀이 쏟아지고 마음은 더 바빠지고
온몸이 부글부글 끓는다
발갛게 달아오르는 몸을 진정시키며
사방을 둘러봐도 단추의 행방은 묘연하다
어이없는 실소를 토하다
문득,
삶이란 블라우스를 이탈한 단추 같다는 생각
놓치고 떨어진 후에야
알게 되는 아쉬움을 감수하는 것
혼신의 힘을 기울이지 않으면 저만치 달아나고
벼랑 끝에 아슬아슬하게 매달려 있으면서도
떨어지는 순간을 예단하지 못하는 것
생각의 줄기를 갈아치운 나는

다른 블라우스를 찾아 입으며
약속보다 늦은 시간을 향해 외출을 감행한다

석류

시금했던 사춘기를 떠올리며 석류를 산다
아직은 내부를 드러내지 않은 채
둥근 몸으로 행인들의 시선을 끌고 있다
껍질 안에 꼭꼭 틀어박혀 있을 알갱이
생각만으로도 목젖이 꿀꺽 넘어지고
전신이 시큼해진다
소중한 사주단자를 모셔두기라도 했는지
함구의 시간을 벌고 있는 모양새가 복주머니 같다
붉은 복주머니를 풀어보니
봄바람에 꽃술 터지듯 향기부터 쏟아지고
여름 소낙비에 첫사랑 흔들리는 소리 들린다
가을 달빛을 보듬어온 시간들이
하얀 사리 되어 차곡차곡 복주머니를 채우고 있다
그런데, 흔들리는 것이 있다
내 젊음의 뒤란이 용해되며
붉은 과즙이 손톱 밑에 스며들자
내 얼굴에 자객처럼 숨어든 주름살이 흔들린다
바람이 서릿발로 파고드는 쉰 살의 여자는,

폐경기 여인들에게 좋다는 속설에 휘말려
석류주 담글 생각도 잊은 채
한 움큼의 석류 알갱이들을 입안에 털어 넣고 만다

술

1

뜨문뜨문 입담이 부딪히는 헐렁한 식당 안
텔레비전 속을 파고드는 사내들
—맑은 물 한 병 주세요
오늘은 맨정신으로 안 될 것 같단다
개표방송이 시작되자
역대 대통령의 행적들은 훌륭한 안줏거리다
급기야는 주먹질이 오가고 경찰이 출동했다
토끼눈이 된 사내의 분개와 술병과 주인여자를
번갈아 훑어보던 경찰아저씨
—직접 여의도로 가든가 할 것이지……
현장을 수습하며 오늘만도 이런 일이 세 번째라고
씁쓸한 웃음을 흘리고 돌아선다

2

더위마저 졸고 있는 한낮
—주약 한 병 주세요
—아무한테나 소주는 안 파는데 점잖아서 줍니다

―네, 먹고 그냥 잘 겁니다
반주는 보약이라 되뇌며 묵묵히 두 병을 비우고
찜질방 바닥에 달라붙어 코끼리를 조련하던 사내
벌떡 일어나 훌러덩 벗어던지고
볼품없는 거시기를 드러내고 만다
여자들의 비명이 흩어지고 사내는 화장실로 숨어든다
사내는 천국인 줄 알았던 것

3
칼로 물 베기에 목숨 건지도 달포는 되어간다
싸늘한 기운에 베란다의 꽃들도 입을 다물고
아이들의 얼굴엔 긴장이 감돈다
남편의 협상에 한 치의 양보도 허용하지 않는다
기 싸움을 넘어 화해의 순간을 놓쳐버리고,
이제 와서 돌려놓기엔 영 쑥스럽고,
밤새 천정에 눈 화살을 쏘아대다 결심 하나 굳힌다
어둠도 드러누운 조용한 밤
찬장 깊숙이 갇혀 있던 크리스털 글라스 한 쌍을 꺼내고

철철 넘치도록 정을 따른다
불통의 시간을 허물어버린다 쩡!
극적인 순간이다
금성과 화성이 부딪히며 별빛이 쏟아진다
그래,
내일 아침 밥상에는 생선 두어 마리 더 올려야겠다
싱그러운 이야기꽃도 좀 피워야겠다

가끔은 안경을 벗어던지고 싶다

애써 외면하고 싶은 일들과
보지 말아야 할 것들을 보고 말았을 때
가끔은 안경을 벗어던지고 싶다
책장을 넘기듯 연결되는 세상
도수만큼 날카롭게 번득이는 물체의 결점들
자객처럼 숨어 있는 문서 속의 비겁한 문자들
차라리 모르고 사는 것이 편할 것 같다
명제처럼 믿었던 것들이
반전의 오답임을 알았을 때의 배신감을
가라앉힐 때는 분노가 동반한다
모르고 넘어가도 잘만 굴러가는 세상
일일이 참견해야 할 이유도 없지 않은가
때로는 안경 없는 세상을 상상하며
즐거운 착각에 빠져들 때가 있다
표류하는 언어들은 그대로 놓아두고
심안의 조리개만으로
느낌과 느낌만으로
불편하지 않는 세상을 꿈꾸어 보는 것이다

숲속에 집을 짓다

또래보다 작아서
땅콩이라 불리던 딸의 대학 졸업식을 치룬 날이었어
병약해 보이나 든든한 우리 집 대들보인 아들
가난한 수레를 끄느라 근육 배불뚝이가 된
남편은 아직도 자기가 하늘, 대장이라고 우기지만
그 하늘의 노트에다 나는 내 맘대로 쓰고 지우지
때로는 일필휘지의 힘을 과시하며 살아간다네
약한 여자를 포기하고 강한 엄마가 된 것이지
모처럼 네 개의 숟가락이 모여 즐겁게 장단을 맞추었네
대장이 끌고 가는 수레바퀴가 헛돌기도 하고
삐걱거릴 때도 있지만
밀고 당기며 지나온 비탈길에 사랑꽃만은 만발했지
연신 셔터를 눌러대던 딸은 신바람이 들었어
늘 이 빠진 사기그릇 같던 가족이 모이고
식후의 포만감이 좋기만 했던 게지

집터를 잡기 위해 햇살의 뒤통수를 따라갔어
저수지 모서리에 방점을 찍고 여장을 풀었다네

소나무 사이에 서까래를 앉히고 투명한 집을 짓는 거야
보드라운 햇살이 들여다보더니
우리들과 함께 잠이 들고 말았어
코 고는 소리는 듣기 좋은 사중창의 화음 같았지
그러다 송화 터지는 소리에 모두 일어났어
솔가지가 파르르 진동을 일으키고 있었네
저수지 쪽으로 창을 낸 건 아주 잘한 일 같았어
고단했던 기억들이 모두 물속으로 가라앉아 버렸거든
간혹 큰 길을 달리던 자동차들이 부러운 듯
힐끔거리기도 하고 멈추기도 했어
눈치 빠른 새들은 노래도 불러주었다네

소나무 숲속에 지은 우리들의 집
함께 온기를 나누니
꼭 집이 있어야만 행복할 거라는 생각도 사라지네
하늘과 호수와 나무들로 지은 집에서 참 행복을 배웠네
아무래도 진짜 집은 좀 천천히 마련해야겠어

곰팡이

가죽재킷에 얼룩덜룩 꽃이 피었다
가공된 짐승의 거죽이
꼭 무슨 할 말이 있는 것 같기도 하다
원시의 자연으로 돌아가지 못한 항변일까
내가 집을 비우고 방심하는 동안
푸릇푸릇 피어오르는 곰팡이들
내가 낯선 손님들과 거래를 하고
몇 푼의 돈을 챙기는 동안
쾌쾌한 죽음의 냄새를 솔솔 풍기는
옷장 속의 옷가지들
나의 방심과 게으름이 단초였지만
때늦은 후회란 어떤 도움도 받아들이지 못한다
입을 수도 버릴 수도 없는 저것들
이리저리 걸쳐보는 동안
나는 또 거울 속의 낯선 여자로 태어난다
물도 바람도 나의 심장도
시간을 멈추면 부패의 늪이 되는 것을.

그 여자의 집

역 광장에 실없는 웃음을 날리며
휘청휘청 집으로 돌아가는
그 여자의 집을 알고 있다
조무래기들의 체온이 덥혀놓은 누눅한 바닥
폐지 위엔 소주병이 나뒹굴지만
밤이슬만은 피할 수 있는 집
한때는 햇살 같은 아이들을 품고
따뜻한 밥상으로 남편의 퇴근을 기다리던
그 여자의 집을 나는 알고 있다
거센 파도가 휩쓸고 가버린 모래성처럼
바람 앞에 파편만 남은 집
감출 것도 버릴 것도
더는 추락할 그 무엇도 없는
그러나 생각의 자유만은 온전한 제 것이어서
가면을 벗고 깃털처럼 날고 있을 여자
가끔은 그런 자유조차 부러울 때가 있다
부초 같은 자유가 부러울 때가 있다

목련

나는 들었다
혹독한 겨울바람 속에서 가지 끝까지 흘려보내는 혈맥의 박동 소리를
꽃눈을 만드느라 애쓰는 힘의 소리를

나는 몰랐다
사람들이 봄을 알기까지 깨어 있는 나무들의 캄캄한 시간을
목련이 새하얀 속을 열어 하늘을 담기까지
감춰둔 인고의 시간들을 미처 몰랐다

아지랑이 같은 사월
목련의 타전을 받아들였는지
싸늘했던 내 마음에도 전류가 흐른다
먼저 핀 꽃들은 나비 되어 허공을 흔든다
허공의 무대 위에서 춤을 춘다
춤은 짧게 끝난다
꽃이 지는 것이 내 서러움 때문인 것 같다

나는 알았다
내가 봄을 앓는 이유가
나의 겨울을 목련처럼 살지 못했음을
봄을 건너면서 겨우 알았다

망초꽃

그대 만나러 가는 길
지루한 발길 행여 내 마음 변할까 망초꽃이 먼저 마중을 나왔습니다 유래를 알 수 없는 무성한 소문들을 감추고 팔월의 땡볕에도 실성한 듯 헤픈 웃음을 하얗게 퍼뜨리고 있습니다

행여 그대 마음 빼앗길 것 같아
망연히 바라보다가 그만 꺾고 말았습니다 허허로운 세상에서 그대를 향한 욕심이 죄 없는 망초꽃만 해친 것 같습니다

그러나
내가 먼저 먼 길 떠난 후라도 마른 꽃 대궁 속에 그대의 온기 느껴지면 풀꽃 같은 세상에서 맺은 우리의 인연이 천상에서 만나 하얀 군락을 이루게 될까요

그랬으면 좋겠습니다
하얀 융단처럼 끝없이 펼쳐진 망초꽃밭을 그대와 내가 나란히 내려다볼 수 있다면 우리의 인연은 황막한 세상을 밝히는 꽃등이 되겠지요

달팽이의 해후

텃밭 채소에 붙어온 달팽이 한 마리
치열한 몸짓의 불안감이 안쓰러워
상추 두 잎으로 근거지를 마련해주자
풋풋한 숨을 몰아쉬는 것 같다
행여나 싶어 남은 상추를 뒤져보니
또 다른 놈이 더듬이를 웅크린다
앗, 한 쌍이었구나
저희들끼리 어우러지고 엉겨 붙어 비비며
끈적끈적한 포옹으로 사랑 놀음을 시작한다
미물들에게도 따스한 사랑의 심장이 있는 건지
서로를 더듬는 감각이 예사롭지 않다
유기농 무공해를 외치며 가꾼 텃밭
미물들의 서식처가 되어가는 줄도 몰랐던 나는,
인정 없는 침입자였을 것이다
한동안 텃밭에는 얼씬거리지 말아야겠다

문득 모든 이별의 해후가
다 저랬으면 좋겠다는 생각이 든다

눈 내리는 밤

어깨에 내린 눈을 툭툭 털며
누군가 올 것만 같아
대문을 열고 마중을 나갔다
하얀 눈이 나풀거리는 거리엔
기다림이 목을 길게 내밀고
소리 없이 내리는 눈발 사이로
은빛 상념이 되어 흩어지고 있었다
회상의 날개를 접으면
기억은 한 겹 한 겹 속내를 드러냈다

그날, 난로 속에선 장작개비들의
토닥토닥 속닥거리는 소리에
열정의 불꽃이 활활 타올랐다
열기는 북풍의 냉기를 녹여버리고
상기된 두 볼엔 겨울밤이 빨갛게 익어갔다
도란도란 얘기 소리는 창문을 열고
하염없이 내리는 눈 속에 소복이 쌓여만 갔다
인정 없는 바람도 시샘을 하는지

창문 틈에 귀를 세우고 잠이 들었다

약속이 없어도 슬, 프, 지, 않, 았, 다……

추억이 등을 밝히고
머리맡에 앉아 꿈속을 서성일 것만 같아
나는 기다림의 막차를 보내고 돌아선다

목련우체국

봄 병이 도졌는지
발길이 우체국 쪽으로 간다
봄 감기는 나무의 동면세포들이 꿈틀거릴 때마다
한 발짝 먼저 나를 접수하곤 한다
아무래도 양지바른 우체국 담벼락의 목련도
제일 먼저 몸살을 앓고 있을 것만 같아
어디로 보낼 엽서나 편지 한 통 없이 우체국으로 간다
빨간 우체통을 내려다보며
혹독한 겨울을 겪었을 나무를 생각하니
내 몸살도 봄을 맞이하기 위한 진통이라 위로해본다
노란 봉투에 우표를 붙이고 돌아서는 사람들이
부럽기는 하지만
오늘은 그저 목련만 염탐하고 올 작정이다
목련이 보여주는 봄의 거리를 떠올리며
걸어가는 동안 감기도 잊고 일상도 잊는다
불투명한 미래의 허상에서도 벗어난다
우체국이 가까워지자 심장이 바빠진다
양지바른 담벼락을 바라보니

아! 봄이 맞다

목련이 허공을 향해 입술을 내밀고 있다

나의 봄이 하얗게 깨어나고 있다

보도블록

마지막 발걸음을 보내고
겨우 잠들려고 하면
뭇 전단지와 쓰레기들이 날아들어요
오늘 하루도 사연은 많아요
취객이 던진 소주병에 어깨가 부러지고
담배꽁초에 화상을 입었어요
얼굴에는 가래침과 껌 조각이 자주 달라붙는데
이건 예사에요
미리 쓰레기통을 준비했지만 발길질로
화풀이를 하는 사람들이 있어 수리공에게 가기 바빠요
빨리 새벽이 왔으면 좋겠어요
청소부 아저씨가 내 몸을 깨끗이 닦아주거든요
어쩌다 아저씨가 아프거나 늦으면
정말 부끄럽고 창피하더라고요
그런 날은 출근길의 신사숙녀들이 미끄러질까 봐
혼신의 힘으로 지구를 붙들고 버텨주지요
힘없는 어르신들의 헛발을 잡아주고
아기들의 걸음마를 받쳐주는 나를,

연인들의 밀어를 들으며 즐거워하는 나를,
함부로 대하지 말아주세요
나는 도시의 얼굴
어쩌면 당신의 얼굴일 수도 있으니까요

너와 나의 거리

깊이를 가늠할 수 없는 물이 있듯
눈으로 가늠할 수 없는 너와 나의 거리
너와 나 사이에 흐르는 강
그 소용돌이 속에 휘말리고 싶지 않아
내 심연의 늪에 빠져 허우적거릴 때가 있다
너와 나 사이에서 흘러가고 있는 강
강은 강으로 흘러가고
우리는 우리대로 흘러가면 좋으리

깊이를 알 수 없는 물이 있듯
말로는 다 헤아릴 수 없는 너와 나의 거리
너와 나 사이에 타오르는 불길
그 불꽃 속에 뛰어들고 싶진 않아
타닥타닥 타오르는 불꽃의 열정만 기억하고 싶다
너와 나 사이에 흘러가는 강물처럼
강의 이쪽과 저쪽에서
멀지도 가깝지도 않게 흘러가면 좋으리

제2부

상처

피멍 든 상처를 깊숙이 감춘다
더 이상 부어오르지 말라고 토닥토닥 다독인다
가끔은 앙금처럼 가라앉아 있는 것들이
치켜들고 일어날 때가 있다
비수에라도 찔린 듯
발작을 일으키듯 통증을 느끼게 하지만
세상을 외면하듯 외면하고 살 때가 많다
이미 지나간 흔적들을 꺼내보기가 두려워
탕약 같은 국밥을 먹고
비애의 눈물을 내 안 깊숙이 감추고 감춘다
대부분의 상처는 명쾌한 처방도 없다
돌려놓을 수 없는 계절의 초침처럼
긴 세월 속으로 묻혀들고 만다
나의 상처는 나만 안다
피멍 든 흔적을 감추며
또 다른 상처가 발생하지 못하도록
경계심을 곤두세운다
새살 돋는 소리가 심장으로 전해진다

뻥튀기

할아버지의 뻥이요! 하는 소리에
쌀과 강냉이가 함박꽃처럼 터진다

대박을 꿈꾸는 사내 하나
복권방으로 달려가서
답안지를 누르듯
숫자를 고르는 손이 신중하기 그지없다
간밤의 꿈을 스스로 해몽하며
그 상상만으로도 즐거움은 뻥튀기보다 부풀어져 있을 것이다
그런데 꽝! 꽝!
사내의 기억은 산산조각이 되고 만다

이번엔 경마장이다
스크린 속의 말과 기수는
운수를 찍는 숫자에 불과함을 알지 못한다
말굽 소리에 한 주일이 짓밟힌
사내의 주머니는 늘 가난하기만 하다
눈총들이 날아들고 야유 소리가 허공 속으로 퍼진다

뻥!
뻥튀기를 하려다 가정 하나가 모래알이 되고 만다

뻥튀기 할아버지의 기계 속에 동전을 넣고 돌리면
금화가 뻥! 뻥! 쏟아질까
아니, 양지쪽에 앉아 뻥튀기 기계를 돌리면
쪽박만은 면치 않을까

건망증

역전 사거리 교차로를 지나
밀물 같은 인파에 휩쓸리다
이 길을 왜 가는지 왜 걷고 있는지도 모르는
의문 하나가 나를 깨운다
순간, 한심하고 허탈한 웅덩이에 빠져버린다
친구와의 긴 수다가 끝나고
잠적한 폰의 행적을 알아낸 건 그나마 다행이다
가스불이 뜨겁다고 펑펑 뛰는 달걀과
주전자의 요란한 휘파람 소리마저 외면하는
순간들의 상황을 무엇으로 설명할 수 있을까
딸아이가 경고의 벨을 달아주었지만
벨은 한 번도 울어보지를 못한다
벨의 존재마저 까맣게 잊어버리고 만 것,
와중에도 문득 망각의 껍질을 벗겨내며
고개를 내미는 보랏빛 기억들은
잔잔한 미소를 안겨주기도 하고
불면의 밤을 열어 고뇌의 즐거움을 맛보게 한다
가지런히 접어두면

먼 훗날 가끔씩 찾아와 나를 환기시켜줄
그림자 같은 나의 건망증

손

쌓이는 일들을
마다하지 않는 나의 두 손
멀쩡할 때는 관심 두지 않다가
상처라도 입으면 그때서야
비명으로 존재감을 요구한다

호사만 누리는 손
사람의 생명을 건지는 손
베푸는 손
노동으로 인해 갈퀴가 된 손
술 따르는 손

여러 손이 있지만 내 손은 수세미 같다
거북이 등짝 같은 손등에
우둘투둘한 마디들
호강이라고는 모르는 내 손이 측은하면서도
자랑스럽기도 하다
비싼 반지 하나 끼워주지 못했지만

내 마음을 언제나 먼저 알아채고
좋은 일 궂은 일 마다않고 나선다
불평불만도 모르는 나의 두 손
오늘은 저희끼리 부여잡으며 쓰다듬는다
나는 크림을 조금 발라주며
잠시 동안의 휴식을 허락하고 만다

아침의 묵상

발설할 수 없는 비밀처럼
은밀하게 처리해야 하는 일
어두한 새벽 정화수를 올리던
어머니의 의식처럼 신중하기 그지없다
신분의 구별 없이
가장 낮은 자세로 좌정하고 치루는 의식에서
하루의 태엽을 되돌려보기도 하고
뒤숭숭하던 간밤의 꿈을 해몽도 해본다
일간지의 활자들을 잠시 밀쳐놓고
침묵의 낮은 자세로 나를 풀어본다
벌거벗은 자유를 탐닉하며
밀폐되어 있던 하초를 열어주면
밤새 갇혀 있던 몸 안의 잔재들이 쏟아지고
비로소 상쾌함이 온몸에 전율로 흐른다
마주보는 거울 속의 여자와
은밀한 눈빛을 주고받으며 합일을 이루고
묵상의 길을 탐닉한다

창

잘못 달린 주방의 창을 바꿔달았다
낡은 습관처럼 매달려
늘 바람 앞에 등불같이 위태롭던 창
초록 물을 싣고 온 바람이 벽 사이를 헤집고
창틀에서 아지랑이로 스멀거린다
언제부턴가 나의 창에 가리개를 씌우고
세상과는 적당한 단절과 타협을 조율해왔다
시력이 무뎌지기 시작하였으므로
창의 오염을 감지하지도 못하고
창문이 휘청거릴 때마다 바람만 나무랐다
어린아이의 웃음소리와
골목길을 누비는 비릿한 냄새
자동차의 경적 소리가 한데 어울려 창을 넘어온다
허상과 실상을 바로 보지 못한 결핍의 날들이다
창을 갈아 끼우면서 내 마음의 창을 열어본다
아득하게 멀어진 나를 다시 만나기 위해
입김을 불어넣어 가며 창을 닦는다

종착역

얼마나 많은 역들을 통과했을까
내가 도착할 역은 아직 까마득하고
기차는 여전히 달리고 있다
바람과도 같은 창밖의 세상을 보며
기차에 몸을 맡긴 나는
아주 먼 곳을 향해 가는 외롭고 서러운 객
역 하나를 지나칠 때마다
세상살이의 봇짐들이 사람과 함께 하차하고
음지와 양지 구분 없이 살던 사람들이 승차를 하고
저마다의 목적지를 향해 떠나간다
가끔은 목적지에 닿기도 전에
절망이라는 간이역에서 기차를 버리기도 한다
다음 역에선 장거리 여행에 지친 노파가 내릴 것이고
화병을 자초한 이웃 여자가 내릴지도 모른다
종착역에 닿기 전에 기차를 버린 내 친구는
극락역이 마음에 들었던 것일까
내가 버린 간이역들을 떠올려본다
기차는 달리고

의자 깊숙이 몸을 기댄 채

나의 종착역을 향해 밤을 새워 달리고 있다

오후 세 시

매일 내 안의 나를 만나는 시간
문을 열어주며
내 몫의 시간으로 다가와
휴식과 자유를 건네는 온전한 나의 시간
방바닥을 뒹굴어보기도 하고
오수를 더듬다 기지개를 켜면
시계의 초침도 느긋하게 태엽을 풀어준다
쉼 없이 달려온 생의 기울기만큼
헐렁하게 하품을 해도 좋은 시간
책 속의 까만 활자들이 시선을 당기면
천천히 돋보기를 닦으며 여유를 부려본다
찻물도 끓인다
욕심의 불순물을 걸러내고
권태와 나태마저 달게 마신다
달음박질치던 시간들을 쭈욱 들이키고 나면
목을 죄던 긴장들이 풀어지고
또 다른 세상 하나를 발견하게 된다
굴레에서 벗어나 숨겨둔 씨앗들도 꺼내본다

발아를 꿈꾸는 풀씨 위로 나부끼는 깃발

오후 세 시가 나에게 베풀어주는 것들이다

하루살이

후미진 골목을 헤맸을 것이다
때 묻은 가방, 흙 묻은 작업화, 부스스한 머리
국밥 한 그릇에 소주 한 병이 허겁지겁 사라진다
가슴의 허기는 채우지 못하고
찜질방을 찾아 등을 눕힌다
불빛을 찾아 헤매던 한 마리의 불나방
하루하루를 살아내는 지폐 몇 장에
사내는 몸을 던진다
검게 탄 살갗에 층을 이룬 삶의 잔재들이
통증으로 어깨를 짓누른다
사우나의 열기에 희석되는 고통
골 패인 미간 사이로 눈물 같은 땀이 맺힌다
빚잔치에 빨간 명패 달고 거리로 내몰려
대합실 새우잠, 무료급식소를 거쳐
낯선 거리 떠돌아다닌 지 삼 년이란다
생활정보지 깨알 같은 활자를 뒤적이다
맨몸으로 야반도주한 식구들 생각에
신세 한탄도 사치임을 아는지 한숨만 토한다

내일은 어느 인력시장을 염두에 두었는지
새벽 세 시에 모닝콜을 맞추고 새우잠을 청한다
내일의 몸값을 헤아리는지 간간히
손가락 다섯 개가 굽어졌다 펴지고 있다

한파

동장군의 기세가 기록을 갱신해도
언 마음은 따뜻한 말 한마디로 녹을 텐데
생각 없이 던진 말이 비수 되어 돌아온다
잠자던 자존심이 날카로운 손톱을 곤두세운다
성혼선언문을 약속하고 지키던 우리 사이
질풍노도와 같은 풍랑이 일고
입술과 입술 사이를 헤치고
봇물처럼 쏟아지는 말, 말, 말들
핑퐁 게임처럼 치열한 전투를 치르고 나니
허망하기 짝이 없다
시퍼렇게 멍든 마음을 다독이며
애꿎은 팔자타령으로 시름을 달랜다

코스모스로 만나
가시 돋친 찔레꽃으로 변모해 살면서
더러는 장미꽃을 피워보기도 했지만
지금은 전쟁놀이를 더 많이 하는 관계
언제나 적과의 동침을 서슴지 않는 여우가 되어

다음 전투를 준비하며 혼자 웃기도 한다
내일의 물을 베기 위하여 오늘도 칼을 가는 나는,
아내라는 이름을 가진 여자

해빙

바람이 분다
음지의 생명들이 깨어나고
얼었던 토사가 삼월 햇살에 몸을 푼다
철 갈이의 진통이 시작되고 있다
숨통을 틔우며 한바탕 몸살을 앓는 대지와 미물들
계절의 환승에 나의 몸살이 뒤따른다
꽃샘바람에 몸을 낮추어도
비염과 천식의 불청객이 일상을 흔든다
흐려지는 눈빛 사이로 들어오는
미미한 들풀들
그것들의 생명은 환히 보인다
혹한을 견뎌낸 강인한 정신이 보인다
험한 바람에 수없이 짓밟혔으나
대지를 딛고 일어서는 꿋꿋한 자세가 반갑다
동토의 문을 열고 발아를 기다리던 씨앗들
메말랐던 광야를 출렁이게 할 것이다
나의 몸을 나무란다
상실된 의욕을 일으켜 세우고

몸살을 몰아낼 준비로 마음부터 다잡는다
봄의 전령이 당도하고
대지가 초록 눈을 뜨기 시작하면
나는 마음의 눈을 떠 그들을 맞이할 게다
대지와 나를 깨우는 시간의 해빙(解氷)

호롱불

돌아올 빈 달구지를 기다리면
저절로 신바람이 났다
산골마을 시오리 길이 바로 코앞이었다
아이들의 노랫소리 드높아지면
신작로를 덜컹거리며 다가오던 달구지
몸을 뒤집는 돌멩이들 틈새로 흙바람이 일었다
산짐승이 내려왔다는 아저씨의 익살스런 협박도
아이들의 동심을 무섭게 하지 못했다
산 그림자 내려와 발길을 재촉해도
다가오는 동네어귀가 반갑지 않은 시골 장날
동구 밖까지 마중 나온 연기를 따라
사립문을 밀고 들어서면
삽살개가 꼬리를 흔들어 마당을 쓸던 우리 집
질화로 속의 고구마가 타들어가는 밤이면
물레는 할머니의 심지를 태우고 또 태웠다
곰방대를 돌아 나오는 구수한 할머니 냄새가
유난히 좋았던 나의 유년
작은 호롱불이 밤 하나를 다 태우고 나면

부엉이 울음소리도 다 타버리곤 했다

세상에 휘둘릴 때마다
내 마음의 심지가 흔들릴 때마다
긴 밤을 태워내던 할머니의 호롱불을 떠올리며
나의 호롱에 불을 밝힌다
쉽사리 꺼트릴 수 없는 호롱불들이다

황사

기침을 안고 새우잠을 잔다
전국에 독감이 들끓는다고
중국 대륙이 황사를 날려 보내고 있다고
뉴스는 금족령을 내렸다
오만불손하게 찾아드는 시진핑의 수하들에게
건강을 위협받으며 촉각을 바로 세운다
시간을 거슬러 천년의 성벽을 돌아보면
금수강산을 짓밟으며
수없이 약탈해가던 말발굽 소리 들린다
그 대륙을 호위하던 바람
절기마다 소용돌이를 일으켜 모래바람을 몰고 온다
가상공간의 문을 열면
핵폭탄이 대륙을 횡단하는 것은 찰나이며
지구는 국경을 상실한 지 오래다
남쪽 끄트머리에서 출발한 봄기운이
목덜미를 간지럽히기도 전에
황사를 마시고 기침을 마셔버렸으니
내일은 햇살과 함께 묘목부터 사야 하리라

쑥쑥 잘 자라는 종족만을 골라 심어
황사바람부터 막고 볼 일이다

갈증

비를 못 본 지도 한참이 지났다
넝쿨장미가 담장에 기대어 졸고 있는 오후
목적지를 쉬지 않고 실어 나르는 버스를
가뭄에 타버린 애타는 농심을 비웃기라도 하듯
무심한 하늘은 태양만 굴리고 있다
사람들이 차용하고 버린 공해와
가전제품에서 뿜아내는 온실가스가 만나
천연의 것들은 빛을 잃은 지 오래
사람들의 이기심은 문명 탓만 한다
일기예보는 다음 주말쯤 장마가 온다며
전력 비상을 호소하고 있다

대지의 목마름은 장맛비면 해갈될 수 있지만
내 가뭄은 무엇으로 풀 수 있을까
잠수교가 잠기고 홍수에 둑이 터져도
시간이 지나면 다시 가뭄이 찾아든다
생각의 늪에 빠진 나는
이 강을 무사히 건널 수 있을지

내 안의 강에 홍수가 나고 둑이 무너지고
빗물에 상념들이 먼 강으로 흘러가도
나의 목마름에는 쉽게 단비가 내리지 않을 것 같다
도대체 나의 갈증은 어디서부터 시작된 것일까

기상청

바람이 분다
풍향을 따라 몸의 줄기들이 긴장을 한다
지상을 피해 피난처를 찾는 미물들
온몸을 흔드는 바람의 힘
언제부턴지 명확한 확신은 없지만
하늘의 기분에 따라 흔들리는 몸
내 삭신에서 혈류 흐르는 소리 요란하다
오늘은 하느님도 화를 다스리지 못하나 보다
급기야는 바람을 일으켜
광풍을 몰고 지축을 흔든다
때 이른 폭풍에 꽃잎이 떨어지고
고목나무의 팔다리마저 잘려 나가고 만다
설익은 과실들이 날벼락을 맞는다
폭우를 뿌리고서야 평정을 찾는 하늘
밤새 내 혈맥을 흔들던 바람도 멎고 맑음이다
불면의 밤이다

제3부

아픈 방

오늘도 꼽추같이 휜 허리를 세우고
한숨 반 쌀 반으로 저녁밥을 지을 게다
두레밥상에 빙 둘러앉던 숟가락들
양은냄비는 금방 바닥을 드러내고 있을 게다
막둥이의 쩝쩝 소리에 복 달아난다고 잔소리하던 행주치마엔
세상 모르는 매화꽃이 만발했을 게다
동지섣달 찬바람은 씀바귀보다 쓰고
텔레비전 리모컨만 만지작거리고 있을 게다
연속극에 들락거리는 청춘을 곱씹으며
주름살이 먼저 울다 웃다 할 게다
노안에 고이는 눈물을 훔치며
마지막 애국가를 들으며 잠이 들었을 게다

아버지의 손

미세한 떨림이 감지될 때마다
애끓는 염원들이 비명 소리로 깨어난다
저 작은 떨림조차 힘겨운 아버지의 손
한때는 푸른 나뭇잎처럼 힘이 출렁거렸다
오선지를 그리고 음표를 새겨 숙제를 대신 해주고
운동회가 있는 날은 각시탈을 만들어
아이들의 부러움을 사주었다
다급한 사람들의 도장을 새겨 꾹꾹 찍어주었고
고장 난 전자제품들은 아버지를 만나면
부러진 팔다리가 쌩쌩 날아올랐다
생일날, 이 빠진 사기그릇 같은 자식들이 모여
고기 불판을 뒤적거리며
만 가지 재주를 부리던 그 손을 안주로 삼는다
먼 길 보낼 시간을 예감하며
잘 익은 살점을 골라 푸른 쌈을 넣어준다
밥 한 술 뜨는 일이 힘든 곡예처럼
사시나무처럼 떨던 아버지가 소주잔 속에 앉아 있다
불판이 사그라지고 새들도 떠나가고

빈 둥지를 받치고 있던 나뭇가지 밤새 흔들린다
생이 다 저런 것인가

나의 할머니

홀아비의 외동딸로 자라서
서른다섯에 과수댁이라는 칭호를 얻었다
허벅지에 바늘을 찌른다는 청상의 밤
바늘보다는 소다와 노루모를 먹으며 긴 밤을 건넜다
어린 자식 울음소리에 젖몸살을 할 때면
까마귀 우는 고개를 수없이 넘나들었다는 할머니
방물장수와 동네 아낙들의 사랑방으로
기꺼이 행랑채를 내어주고
부엉이 우는 밤이면 곰방대를 톡톡 털며
지나간 시간들을 한숨으로 돌려놓곤 했다
청상의 눈물단지를 숨기고
외나무다리를 건너 큰집에 갈 때는
할머니의 구성진 아리랑이 먼저 재를 넘었다
산새도 화답을 했으리라
일곱 자식 청산에 주고
겨우 품어낸 외아들과 손주들은 할머니의 꽃이다
늦게 핀 할머니의 꽃이다

봄, 회한처럼 피어오를 할머니의 생을 생각하며
진달래 생강나무 엄나무……
할머니의 나무들로 집안이 환하다

눈발

하얀 눈송이들이
사뿐사뿐 허공을 밟는다
골목길 가로등 불빛을 맴돌며
모였다 흩어졌다 반복하는 맹목적인 춤사위
어둑하고 조용하던 골목이 술렁이기 시작하고
먼저 간 발자국을 다음 눈이 덮어준다
아들과 나란히 새벽 눈길을 나선다
두근대는 가슴을 애써 억누르며
새벽 전철에 몸을 들이밀고 안도의 숨을 들이쉬자
치열했던 젊은 날들이 눈발 위에서 펄럭인다
무지와 나태 속에 묻힌 그 순간들이
나침반 되어 희미하게 방향감각을 일깨워준다
길을 잃어 은폐시켰던 목록들을 떠올리며
아들아,
먼 길 때로는 천천히 돌아서 가고
힘들 땐 쉬었다 가렴
환승역도 있으니 갈아타야 할 때도 있단다
눈발은 점점 거세어지고

아랑곳없다는 듯 거침없이 전철은 달려간다
멀리서 아침 해가 고개를 든다

엄마

나의 실종에 가슴은 숯이 되고
나의 귀가로 가슴엔 또 꽃이 피어난다

어머니 나이가 되고서야
내부에서 끓는 쓴 물소리 들린다
딸들의 가파른 삶이
아들과 딸을 저울질하던 당신의 편애 때문이라고
대못이나 박아주었는데,
어린 손 붙잡고 동행하던 밤길
다섯 손가락의 아픔을 골고루 알고서야
당신의 세월 속으로 시간을 맞춰본다
모깃불 토닥토닥 타는 소리 들린다
손톱에 봉숭아꽃 피우며 별똥을 받아내면
어머니의 검버섯이 살구꽃으로 변할 수 있으려나
뜨거운 심정으로 불러보는 한 마디
엄마

용산역

용산역에는
내 푸른 날의 기억들이 많이 묻혀 있다
젊은이들의 통기타에
나도 광장도 뜨겁게 타오르던 여름밤도 묻혀 있다
표가 매진되어
부스스한 얼굴로 맞이하던 설날 아침도 있다
어머니의 빨간 털 스웨터와
동생들에게 줄 선물꾸러기들을 안고 달릴 때면
연착을 해도 즐겁기만 하던 열차도 있다
삶은 계란과 사이다를 사주며
꼬깃꼬깃한 쪽지를 건네던 사내도 하나 있다
홍조로 물든 낯으로
짐짓 내숭을 떨던 계집애도 있다
그 사내도 그날의 눈빛을 기억하고 있을까
야간열차를 타는 날이면
어김없이 생각나는
나의 뇌리에 푸르게 살아있는 용산역

아버지의 정원

연둣빛 바람이 기억을 몰고 온다
고향집 툇마루로 달려간 나는
실눈 사이로 들어오는 햇살과 흔쾌히 조우한다
늘 바쁘기만 하던 어머니와
정원수를 다듬던 아버지의 모습이 보인다
꺾꽂이를 도우며
유리로 만든 집에서 잉태된 생명들의 개안을 본다
양지쪽으로 고개를 돌려 햇살꼭지를 빨고 있는
여린 나무들
아침마다 초록의 인사법을 배운다
가느다란 허리에 리본을 장식한 넝쿨장미는
동그란 얼굴로 손님을 맞이한다
붉게 타오르는 영산홍은 아무나 유혹하고
라일락은 보랏빛 분내를 풍기며 담장을 기웃거린다
수줍은 작약과 모란은 손을 맞잡고
짓궂은 바람의 장난을 견뎌내고 있다
아버지의 가위질 소리에 새들도 장단을 맞추고
나는 툇마루에 거꾸로 누워

오월의 노래들을 모조리 부른다

나의 결혼과 함께 사라진 아버지의 정원
이사를 하던 날
내 눈에는 핏빛 영산홍이 피었고
아버지의 정원을 몽땅 내 안으로 옮겨야 했다
영원히 시들지 않을 오월의 그 정원

비빔밥

실타래처럼 얽혀가던 일상
매듭을 풀어보려고 하면 할수록
더 엉켜버리곤 한다
딸아이의 학과수업에 문제가 발생하고
이 년 동안 준비한 아들의 편입시험도
불안을 몰고 온다
엄마라는 이름으로 태연한 가면을 쓰고
어루만져주지만 불안하기는 마찬가지다
스트레스의 환기에는 매운 음식이 최고라기에
고추장을 듬뿍 넣은 비빔밥을 만든다
매듭같이 엉겨 있는 고사리 줄기에
먹다 남은 시금치,
경쾌한 음표 같은 콩나물대가리도 집어넣고
고소한 조언 같은 깨소금도 넣고
매끄럽게 내려갈 참기름도 솔솔 뿌리고
매콤한 고추장을 팍팍 퍼 넣는다
마지막으로 오늘의 난해한 문제와
스트레스를 부어 쓱쓱 비벼낸다

누런 양푼에 담겨진 비빔밥을 먹으며
딸아이와 함께 실마리를 풀어본다

증인

마당 한가운데 턱 버티고 선 은행나무
집안의 소소한 바람까지 다 꿰뚫어보고 있었다
아침을 깨우는 아버지의 휘파람 소리
햇살 속으로 빨려들어 가는 아이들의 웃음소리
천 개의 눈과 천 개의 귀를 모아 다 지켜보고 있었다
한창 자라는 송아지와
흑돼지가 우리들의 학비와 맞바꾸어지던 일
정원에 피고 지는 예쁜 꽃들의 시름까지 알고 있었다
난폭한 태풍이 어깨를 후려쳐도
마당을 지키며 쓰러지지 않던 아름드리 은행나무
앞치마를 펼쳐 노란 사리를 받아내던 할머니가
꽃상여를 타고 떠나던 날짜까지 다 기억하고 있었다

한 집안의 가족사를 마른눈물로 지켜보며
영고성쇠의 비밀까지 다 알고 있는 은행나무
가슴 아픈 사연들을 캐물어도 아무런 대꾸가 없다
어떠한 증언도 어떠한 누설도 하지 않는다

약손

위장 속에서 천둥이 울고
질풍노도와도 같은 반란이 인다
발효되지 못한 것들이 부패의 길을 찾고 있다
평화롭던 일상이 휘청거린다
입맛이 간택한 자장면이 범인이 틀림없다
위장약을 털어 넣지만 소용없는 배앓이
소싯적부터 하던 일이다
그럴 때마다 할머니는 쌀 됫박을 든 의사가 되었다
헛세 하나, 헛세 둘, 헛세 셋……
배를 쓸어주던 할머니의 주문은 효력이 좋았다
"역귀들은 동구 밖으로 물러가라"
할머니의 불호령도 효과는 최고였다
배앓이는 쉽게 물러나곤 했다

아랫배를 움켜쥐고 기억을 더듬어 주문을 왼다
불호령도 내리지만 고통은 그대로다
할머니 닮은 명의가 되기에는 턱없이 부족한 나
아픈 배를 끌어안고 화장실만 드나든다

외할머니의 등

어미 없는 두 손주 거두느라
외할머니는 어린 나를 안아줄 가슴이 없었다
엄마가 음식 대접을 할 때면
손수건에 주섬주섬 음식들을 챙겨 싸곤 했다
정갈한 손수건만은 늘 지니고 다녔다
따뜻한 밥상 앞에서도 손주 생각에
목울대 먼저 삼키던 외할머니
골목놀이에 정신 팔려 있을 때는
외사촌들만 살짝 불러내어 눈깔사탕 건네주고
운동회 날 고쟁이에서 꺼내주던 동전 몇 닢도
내게는 야속하리만치 박했다
내가 싫어서 그러는 줄 알았다
어머니의 상복이 빨랫줄에서 펄럭거릴 때도
외할머니의 부고가 어머니의 슬픔이라는 것도 모르고
어머니의 휜 허리도 외할머니의 내림이라 단정하며
더는 대물림하지 말라고 쏘아붙이기만 했다
지천명의 고개를 넘어서니
청상과부로 자식 넷

두 손주 업어 키우던 외할머니의 굽은 등이 보인다
꼬부랑 고샅길을 힘겹게 돌아가던
거북이 등짝 같은 외할머니의 등이 보인다

유월의 눈물

유월의 신록 속에
저토록 붉은 눈물이 숨어 있었던가

유월의 회한으로 늙어가는 저 어머니
하늘을 울리고 땅을 적시고 있다
꽃피우지 못하고 가버린 어린 아들을 가슴에 묻고
청춘을 삭혀버린 차가운 묘비명에
얼굴을 부비며 살아낸 세월
착각의 환청을 애써 외면하며 살아낸 시간들
유월의 불꽃으로 산화한 핏줄을 향한 절규가
신록을 시퍼렇게 흔들고 있다

서러운 꽃비가 내린다
환청 속에 늙어가는 어미의 홍안
쭈그러진 몸을 적시고 또 적셔낸다
군홧발 짓밟힌 벌판에 뿌려놓은 애국의 씨앗
선혈의 자국마다 떨어진 빨간 꽃잎들이
호국의 이름으로 다시 태어나

국립묘지 작은 모서리를 어미에게 바쳤다

저 어머니의 가슴에 구름 걷히는 날
신록 속에는 푸른 물만 넘쳐흐르고 있으리라
조국이여! 영원하리라

가을 속

장대비 속을 맨발로 달리던 시절이 있었다
내게 묻어 있던 것들을 모두 씻어내고 싶은
그런 가을이 있었다
사내로 태어나지 못한 전생을 원망하며
꿈틀거리는 꿈조차 헛된 욕심이 되어버리는
수평저울에 올라가지 못하는 사랑의 편애
여자가 여자에게서 홀대받는 이유를 헤아릴 수 없었다
함께 울어야 할, 어미의 새끼가 아니라고
애써 벗어나고 싶은 날이 있었다
홀로 굴러가는 세상이
눈발 날리는 허허벌판인 줄도 모르고
환상을 기다리는 고아처럼
계절을 건너뛰어서라도 어서 어른이 되고 싶었다
내게 묻어 있는 살내와 허름한 관심까지
모두 빗물에 씻어내고 싶은 그런 가을이 있었다
나뒹굴어진 갈잎처럼 서러운 가을

모처럼 세 여자가 만나 가을비를 맞는다

그토록 여자인 딸을 냉대하던 어머니와
나의 귀한 딸
여자가 대통령이 되어가는 현실을 보며
어머니는 수평저울의 원리를 터득하기나 하였을까
마른 잎처럼 비를 맞고 있다
무성한 속설만 남기고
어디론가 떠날 나뭇잎들이다

그 집으로 가고 싶다

아무렇지 않게 오늘을 털고 집으로 돌아가던
지금이 소꿉놀이 중이라면 좋겠다
그 집을 떠나오고 해질녘이면 소리 내어 울곤 한다
먼 이역의 나라에라도 온 듯
잠 못 드는 밤

철로 위를 한달음에 달려간다
어머니는 아궁이에 불을 지피고
굴뚝에선 연기가 하늘 길을 더듬어 올라가고 있다
마당에선 토닥토닥 보릿단 소리
불더미 속에선 검게 탄 감자가 아이들을 부르고
할머니의 얘기 소리에 별들도 모여든다
은하수가 쏟아지면
여름 꽃을 안고 있던 장독대도 잠들던 그 집
지금의 무거운 소꿉놀이 모두 접어버리고
그 집으로 다시 돌아가고 싶다

흙 묻은 손 툭툭 털고

내일은 없고 오늘만 있는,
사는 것을 아무렇지 않게 놓아버리고 싶을 때
그 집으로 가고 싶다

장날

마늘을 산더미같이 실은
어머니의 수레를 따라 나섰다
장꾼들의 왁자한 소리들과 각설이 타령에
넋이 빠져 몇 바퀴를 돌았을까
마늘은 잘 팔리지 않았고 유월의 해는 길었다
장돌뱅이의 헐값 흥정에
어머니는 애먼 고무신을 탈탈 털곤 했다
땅거미 내려앉는 빈 장터
열한 살의 내 문수에 딱 맞는,
빨간 샌들이 나를 놓아주지 않았다
샌들과 갈치 자반고등어 돼지고기
할머니가 좋아하는 쇠고기 한 근 값을 치루고 나면
어머니의 주머니는 금세 가벼워졌지만
웃음만은 함박꽃보다 크고 밝았다

마늘을 캘 무렵이면
가슴에서 찔레꽃이 피듯 따끔따끔 찔러오는
열한 살의 장날 풍경이 피어오르곤 한다

제4부

왼손과 오른손

벽과 거리를 두지 않고
척척 장단을 잘도 맞추던 두 손
우연히 박자가 깨어지더니 고장이 났다
오른손이 비명을 지르며 일방적인 태업을 선언한다
컴퓨터 자판 위의 궁합이 깨어지고
일상이 깨어진다
지지대를 세우고 깁스를 하자
왼손의 불평이 여간 아니다
그랬다
각각이었으나 한 몸이었던 것
세상엔 음각과 양각이 힘겨루기를 하는 것 같지만
수평을 이루는 한 몸이다
남과 여가 어우러져 긴 뿌리를 내리듯
낮과 밤을 맴도는 해와 달처럼
너와 내가 분리된 한 몸이다
연리지였던 것이다

갯바람

이곳의 주인은 바람이다
텅 빈 점포의 주인은 바람이다
빈 점포엔 먼지만 쌓여가고
한때의 호황기를 누리던 한 시절은
어디에도 찾아볼 수가 없다
바다에 허기진 사람들이 몰려들면
호객행위를 하는 아낙들의 치마는 파도처럼 출렁였다
수족관이 마르고 발길들이 끊어진 권관리*
갯마을 풍경은 을씨년스럽기 그지없다
어부들이 바다를 안고 만선을 부르면
물고기는 비닐을 벗고 도마 위에서 칼춤을 추었다
검은 바다가 잔 속에서 부딪히면
불판은 사내들의 고단한 하루를 비우고 또 비우곤 했다
조개들이 뽀얀 속살을 내밀기도 전에
애간장을 태우던 사람들은 모두 어디로 갔을까
텅 빈 주차장에는 바람조차 풀이 죽어 쓰러졌다
바람이 오가는 것을 막을 수 없듯
오지 않는 사람들을 끌어당길 그 무엇은

어디에도 보이지 않는다
노을도 비켜가는 검은 바다 위로
바다 새 무리 지어 날갯짓을 하지만
떠나간 갯바람은 돌아오지 않는다
흘러가 버린 호시절이 그리운지
텅 빈 점포를 둘러보는 노인의 눈자위에
한 줄기 석양빛이 고여든다

---

* 권관리: 평택 포승면의 어촌 마을.

계절의 교차로

팔월의 태양도 숨죽이는 밤
수문이 열리기라도 한 것일까
지축을 흔드는 천둥번개
먹구름의 반란에 화염이 터지고 만다
아닌 밤중에 날벼락이 다녀가고
하늘의 평정이 있고 나서야
밤은 다시 고요 속에 드러눕는다
어둠의 폭우 속에서도 내 안이 훤히 보이는 밤
행여 욕심의 강이 범람하여
누군가에게 홍수는 되지 않았는지
행여 곪아버린 상처를 이유로
누군가에 돌을 던지진 않았는지
광란의 순간 속에서도 투명한 생각 하나 만난다
몇 번의 굴절과 몇 번의 계절을 견뎌야
온전한 삶의 절기 하나를 품을 수 있을까
절기와 절기 사이
계절의 교차로를 건너며 마음을 앓는 시간
어둠이 등을 보이고 여명이 눈을 뜨고 달려온다

그제야 알아차린다
정도(正道)는 늘 하나뿐이라는 것을,

봄의 부재

반란이다
한꺼번에 혁명의 깃발을 올리는 꽃들
언제 어떤 약속을 어떻게 하였는지
앞다투어 봉우리를 열고 속내를 드러낸다
숙면에 빠져 있던 나무들이
계절의 순리를 잘못 짚었는지 도무지 순서가 없다
겨울과 봄의 교차로에서
조숙한 꽃들은 때 아닌 폭설에 입술을 다물고 만다
예정된 축제의 태엽들이 헝클어진다
—벚꽃 축제를 앞당깁니다.
—벚꽃 축제에 벚꽃이 없습니다.
무성한 변명들이 펄럭이고 있다
겨울을 차단하느라 엄청난 열기와 빛을 남용한
인간의 이기심이 남긴 부산물이다
꽃이 피고 지는 자연의 법칙이 뒤집히고 있다
씨앗을 품고 발아를 꿈꾸는 절기가 소멸되고 있다
신이 만들어준 봄,
봄이 사라지고 있다

제빙기

여름은 더워야 제 맛이라고
큰소리를 쳐보지만
연이은 폭염 앞에 납작 엎드리고 만다
묵묵히 제 소임을 다하던
제빙기마저 헛돌기 시작한다
전문가의 진단을 받았더니
노쇠해서 그렇다며 별다른 처방전이 없단다
나와 동업한 지도 수년인 제빙기
며칠 밤을 시름해도 신통한 답이 없다
할 수 없이 신형 모델을 구입하기로 한 다음날 아침,
오래된 습관을 버리지 못하고
전원 스위치를 눌러본다
아니, 이게 웬일인가
낙숫물 떨어지는 소리만 요란하더니
얼음 창고가 수정 빙산으로 꽉 차 있다
제빙기도 떠나기가 아쉬웠던지
밤새 얼음을 만들어놓았다
기계도 가끔 더위를 먹는다

은행나무 아래

시멘트 바닥의 냉기를 달래며
오늘도 좌판을 편다
직립의 전봇대가
노파의 굽은 허리를 말없이 펴준다
시들 대로 시든 고추 한 소쿠리 마늘 한 줌은
노파의 삶보다 매운맛을 풍긴다
쪼그라진 대추 한 됫박도
임자 만나긴 틀린 것 같다
뜨거운 물에 찬밥을 말아
마른 목젖을 달래는 늙은 여자의 어깨를
돌아가던 햇살이 잠시 주물러주곤 물러난다
가로등불 하나 둘 켜지는 거리
바람도 콘크리트 벽에 기대어 잠이 들고
공친 하루를 무연히 챙기는 노파
지켜보던 은행나무가 제 몸의 쌈지를 풀고
후두둑 후두둑 금돈을 뿌려준다
은행나무 아래 수북이 쌓이는 돈, 돈, 돈
노파는 한 닢도 줍지 않고 그냥 돌아간다

노파의 선조 중에

이런 말을 남긴 어른 한 분이 계셨다

“황금을 보기를 돌같이 하라.”

임대 문의

빗장이 내려진 점포에서
사람들의 시선을 끌고 있는 플래카드
"임대 문의"라는 커다란 글자가 눈에 확 들어온다
저 현수막 뒤에 얼마만큼의 부채와 신용이 무너지고
가산이 탕진되었는지

언제부턴지 북적대던 양품점은 한산해지고
걸려 있던 옷가지들이 먼지만 쌓여갔다
젊은 여자가 연신 반액 세일!을 외치지만
구경꾼들의 지갑은 쉽사리 열리지 않는다
철 지난 옷들이란 누구에게나 흑백사진 같아서
돌아서면 기억에서 사라지는 것
그러다 첫사랑이 돌아오듯 지나간 계절이 돌아오면
가끔은 기웃거려보기도 하는 기억 같은 것

빛을 잃은 네온간판에
쇼윈도마저 생명을 잃어간다
창업자금 대출이자에 화병은 깊어가고

야식집 주방에서 분노와 후회를 토해내지만
그녀의 심사를 알 길 없는 무심한 플래카드는
겨울바람을 타고 점포 임대를 외치고 있다

평택

도랑을 따라가면 배꽃이 마중 나오던 곳
전답을 뒤집는 중장비의 난폭함에
실개천이 죽어가고 있다
복개공사를 미끼로 마구 파헤쳐지는 현장
물길 잃은 도랑에 폐자재가 쌓이자
물고기는 산란조차 멈추고 만다
조상 땅을 외치던 현수막은
원주민들을 낯선 터전으로 쫓아버리고
특별 분양을 외치는 소문만 무성하다
듬성듬성 솟구치는 초고층 아파트의 불빛은
집 없는 사람들을 더 아프게 찔러댄다

난개발, 사람의 법 위에 이루어질 수는 없는가
난개발, 자연의 법 위에 이루어질 수는 없는가

바지락

바닷물과 함께 실려 온 조개상자
포장을 뜯어보니
바지락 바지락 바지락
살아있다는 신호를 보내온다
냉동의 시간을 해동하며
먼 여행길을 견뎌온 바다의 전령사
함구했던 바다의 사연들을 풀어낸다
펄펄 끓는 뚝배기에
한 줌 집어넣고 끓여낸 국물
심해의 깊은 맛이 뽀얗게 우러난다
달짝지근하면서도 부드러운 미각이 입안 가득 맴돈다

오늘 저녁 메뉴는 바다 한 뚝배기
식탁에 모여앉아
밀물과 썰물의 이야기를 귀담아듣는다

버려진 의자

누가 옮겨놓았을까
버림받은 의자 하나 굴욕은 없다
오리 떼가 수면을 물고 가까이 다가오자
바람을 앉혀놓고
일렁거리는 물살의 사연을 함께 듣는다
평생 물가에 나와 본 적 없던 의자는
버림을 받고서야
살아생전
제 뿌리가 길어 올리던 물줄기를 보게 되었다
산을 떠나 목재소에서 뼈가 잘리고
살을 깎는 고통을 감내하며 후생을 살았으나
관절에 바람이 들고부터 푸대접만 받다가
비로소 강가에 나와
하늘과 물, 바람을 다시 만나 인연을 이어간다
세상에 버림받지 않는 생이 어디 있겠는가
해와 달, 별들이 차례대로 놀다 가는
강가의 의자 하나
오늘은 속세의 추억들을 되새김하는지

오리 떼가 물고 온 수면을 바라보며
분주했던 전생을 잊어가고 있다

천륜의 진화

이슥한 밤
검불이 다된 노파가 찜질방엘 들어선다
얼마나 시장하였는지
온몸으로 비벼도 잘 섞이지 않은 비빔밥이
그렁그렁 목줄을 타고 간신히 넘어간다
멀리서 아들네를 찾아왔으나
깊은 밤 며느리에게 민폐가 될 것 같아서란다

탯줄 자르고도 천륜의 정을 쌓아오던 모자
모성의 강에서 팔딱이던 물고기
그 강을 떠난 물고기도 가끔은
강을 그리워할 때가 있을 것이지만
며느리는 아들과 달라 관계의 유지를 지켜야 한다고
아들네 코앞에 두고 찜질방부터 찾은 것이란다
굽은 등짝으로 지고 온 산나물과
넘겨주고 싶은 마지막 배려로
시골 집문서를 꼭 껴안은 채 노파는 곤히 잠든다

추적추적 내리는 밤비를 타고 가을이 오고 있다
내 어머니를 닮은 노파를 보며
먼 후일 내 아들과의 해후를 떠올려본다

해를 품은 자동차

헝클어진 매무새 손볼 틈도 없이 그냥 달렸어
다급함이란 늘 예고 없이 밀어닥치거든
한참을 그렇게 달리다 신호등에 걸리고서야
룸미러 속 벌겋게 단 얼굴이
바로 내 얼굴인 것을 눈치챘어
붉은 태양과의 동승을 눈치챈 것도 그 순간이었지
나는 신바람이 나서 콧노래를 불렀어
열세 살 먹은 나의 자동차도 신이 났는지
부릉부릉 콧소리를 내며 맞장구를 쳐 주었어
지구 끝까지라도 달릴 기세였지
신나게 달리는 그 순간만은
어떠한 다급함도 어떠한 일상도 뒷전이더군
벌겋게 달아오르는 얼굴로
나의 방향이 동쪽임을 눈치챈 것도 한참 후였으나
멈춤도 없이 계속 동쪽으로 나아가고 싶었어
태양을 싣고 태양 속으로
질주하는 그 순간이 영원 같기도 했어
동쪽은 정말 힘이 있어

호박

겨울을 채비하며 호박을 거둔다
줄기와 잎이 말라가자
여기저기 나뒹굴어진 호박들의 실체
누렇게 잘 익었거나 푸르스름한 것들을
소중한 보물처럼 거둔다
마지막 명줄을 놓아버린 늙은 호박들
한파에 떨고 있는 모양새가
먼 훗날의 내 모습을 보여주는 것 같아서
흙을 털고 가슴에 안는다
잘 익은 호박 한 덩이
누군가에게는 음식으로
누군가에게는 보약으로 돌아갈 것이다
노년의 연륜 값을 톡톡히 올리며
늙은 호박의 보약 같은 존재가 되고자,

불청객

손님이 왔다
고약한 손님이 일방통행으로 왔다
느닷없이 나타나서
사월과 오월이 교차되는 밤
갈비뼈를 찌르고 뒤틀고 야단법석인데
정체를 알지 못한 나는 정신을 잃고 만다
왜 하필 나를 택했을까
혼수상태에서도 의구심과 함께
아직은 할 일이 많으니
삼 년만 미루었다 다시 오면 안 되겠느냐고
통사정을 한다
비몽사몽간에도 아이들이 들락거리고
해야 할 일들은 그대로 남아 있다
흉막염이라 했다
폐렴의 잔해물이 시위를 한 것이다

잔혹했던 사월의 등을 떠밀고
오월의 햇살이 두 팔을 벌리며 다가왔다

그 품에 안겨 고약한 손님을 배웅하고서야
겨우 나의 일상과 조우한다

빈집

을씨년스러운 이층집 창문을
담쟁이넝쿨이 들여다보고 있다
생의 줄기에 뻗친 무성한 잎들이
깔깔거리는 아이들의 웃음소리를 지켜줄 때는
줄기에도 푸른 힘이 넘쳤다
사람의 온기가 사라진 폐가
거미들이 슬금슬금 주인행세를 하고 있다
저 동아줄같이 질긴 담쟁이도
담벼락을 포기하고 푸른빛을 잃어간다
아이들의 웃음에 별똥별 떨어지던 날은
이제 기억 속에서도 지워지고 있다
행복한 입양을 꿈꿨을 인형들
낡은 책상 위에 내려앉는 먼지들
벌러덩 누워 있는 대문짝
적막을 먹고 사는 것들은 풀이 죽어있다
기억의 문마저 바람에 휘청거린다

해설

'목련'을 앓는 시적 방식

백인덕 시인

1.

우리에게 삶이란 공간의 연속성에 기대 시간의 불연속을 견디는 과정에 지나지 않을지도 모른다. 이는 우리의 대기(생존기반)이자 바람(여가, 혹은 일탈)의 조건인 '일상'을 생각해보면 자명해진다. 생산성 향상을 위해 우리는 노동의 반복을 내면화시켰지만, 노동이 정지한 잠시 동안에도 같은 공간에서, 엇비슷한 행위를 통해 내면화된 반복을 지속적으로 노출하며, 육체와 정신의 에너지를 소모하고 있다. 이것은 개인의 문제가 아니라 문명의 비극이라 해야 할 것이다. 하지만, 역설적이게도 현대인이 인류 역사상 가장 개성적이기를 원하고, 이를 실행할 시간적, 물질적 자원을 최대한 풍요롭게 비축할 수 있다는 점을 상기하면 문명의 비극 속에서 '개인의 항거', 좀 유연하게 풀어쓴다면 '개인적 전략'을 생각해보는 것이 결코 무의미한 일은 아닐 것이다.

김복순 시인은 이번 시집 『목련우체국』을 통해서 반복(사실 '일상성'은 반복, 자동, 단순이라는 세 요인에 의해 개념화되지만)하는 일상을 '환절기'라는 시간의 불연속에 기대 그 원인과 지향의 지형도를 세세하게 그려내고 있다. 시인은 그의 지형도를 정서적 상승과 하강, 확산과 응축 같은 시적 전략을 사용해 여러 겹의 등고선을 그리고 특이점을 표시하면서 완성해 간다.

봄 병이 도졌는지
발길이 우체국 쪽으로 간다
봄 감기는 나무의 동면세포들이 꿈틀거릴 때마다
한 발짝 먼저 나를 접수하곤 한다
아무래도 양지바른 우체국 담벼락의 목련도
제일 먼저 몸살을 앓고 있을 것만 같아
어디로 보낼 엽서나 편지 한 통 없이 우체국으로 간다
빨간 우체통을 내려다보며
혹독한 겨울을 겪었을 나무를 생각하니
내 몸살도 봄을 맞이하기 위한 진통이라 위로해본다
노란 봉투에 우표를 붙이고 돌아서는 사람들이
부럽기는 하지만
오늘은 그저 목련만 염탐하고 올 작정이다
목련이 보여주는 봄의 거리를 떠올리며
걸어가는 동안 감기도 잊고 일상도 잊는다

불투명한 미래의 허상에서도 벗어난다
우체국이 가까워지자 심장이 바빠진다
양지바른 담벼락을 바라보니
아! 봄이 맞다
목련이 허공을 향해 입술을 내밀고 있다
나의 봄이 하얗게 깨어나고 있다

—「목련우체국」 전문

표제작인 이 작품은 시기가 특정되지 않는다. 시제상 현재의 행위로 읽을 수밖에 없는데 그것, 즉 '봄 병'이 도지면 "발길이 우체국 쪽으로" 향하는 것이 언제, 어떻게, 왜 시작되었는지에 대한 이렇다 할 정보가 없다. 다만 작품 표면에서 확인할 수 있는 것은 '봄 병'이 '감기'를 말하고, '우체국'을 찾는 행위가 어디론가 '엽서나 편지'를 보내기 위한 목적이 아니라 "아무래도 양지바른 우체국 담벼락의 목련도/제일 먼저 몸살을 앓고 있을 것만 같아" 시인은 "그저 목련만 염탐하고 올 작정"으로 발길을 재촉한다는 것뿐이다. 사실 시인이 '목련'에 집착하는 이유는 다른 작품을 통해 드러난다. "나는 몰랐다/사람들이 봄을 알기까지 깨어 있는 나무들의 캄캄한 시간을/목련이 새하얀 속을 열어 하늘을 담기까지/감춰둔 인고의 시간들을 미처 몰랐다"(「목련」)는 고백이 그것인데, 목련을 시인만의 봄의 상징으로 형상화한 이유가 드러난다. 결국 목련(봄)은 '인고의 시간'(겨울)을 감내했을 때만 꽃망울을 터뜨린다는 것이다. 그래서 시인은 "나는 알았다/내가 봄을 앓는 이유가

/나의 겨울을 목련처럼 살지 못했"기 때문이라고 고백한다. '목련우체국'을 찾아가는 진짜 이유가 "목련이 보여주는 봄의 거리를 떠올리며/걸어가는 동안 감기도 잊고 일상도 잊는다/불투명한 미래의 허상에서도 벗어"나기 위함임을 명확하게 밝힌다.

시인에게 '목련우체국'은 양지바른 담벼락에 목련이 피어 있는 현실의 공간이 아니다. 그곳은 환절기를 앓는 시인이 기대하는 위로와 고통에 대한 보상이 정서적으로 응축된 가상의 공간이다. 이 상징적 공간을 찾아가는 행위는 그러므로 한 계절에서 또 다른 계절로, 한 해에서 또 한 해로, 나아가 인생의 몇 개의 변곡점을 지나가는 통과의례라 해야 할 것이다. 이번 시집은 작게는 소소한 일상의 정서적 변화에서, 크게는 시인의 생애 전체를 아우르는 기억의 특이점까지가 '환절기'라는 특징을 함축하고 있다. 이들의 미세한 차이를 드러내는 몇 개의 시어를 중심으로, 즉 그 시어들을 시인 특유의 상징으로 육화(肉化)하는 형식으로 구성되어 있다.

2.

시적 자산(資産), 아니 인생의 진정한 자산은 무엇일까, 프랑스 예술철학자 미셸 라공은 "열정이 없는 청춘은 불행하다. 그러나 추억이 없는 노년보다는 낫다"고 했다. '추억'이라는 어휘에서 일종의 로맨틱한 감정의 뉘앙스를 기대하는 것은 지극히 일반적인 반응이지만, 우리의 습관화된 기억 밑바닥엔 언제나 최선의 기억,

우리가 늘 잊지 못하고, 되돌아가고 싶어 하는 기억이 있다. 그리고 대부분의 경우에는, 특히 '늘그막'이라 스스로를 정의할 수 있을 때는 그것은 누가 뭐래도 '유년'의 기억일 것이다.

김복순 시인은 일상의 신산(辛酸)을 이해하거나 극복하고자 할 때, 이 유년의 기억을 자산으로 삼아 시적 형상화를 꾀하는 전략을 보여준다.

아무렇지 않게 오늘을 털고 집으로 돌아가던
지금이 소꿉놀이 중이라면 좋겠다
그 집을 떠나오고 해질녘이면 소리 내어 울곤 한다
먼 이역의 나라에라도 온 듯
잠 못 드는 밤

철로 위를 한달음에 달려간다
어머니는 아궁이에 불을 지피고
굴뚝에선 연기가 하늘 길을 더듬어 올라가고 있다
마당에선 토닥토닥 보릿단 소리
불더미 속에선 검게 탄 감자가 아이들을 부르고
할머니의 얘기 소리에 별들도 모여든다
은하수가 쏟아지면
여름 꽃을 안고 있던 장독대도 잠들던 그 집
지금의 무거운 소꿉놀이 모두 접어버리고
그 집으로 다시 돌아가고 싶다

흙 묻은 손 툭툭 털고
내일은 없고 오늘만 있는,
사는 것을 아무렇지 않게 놓아버리고 싶을 때
그 집으로 가고 싶다

—「그 집으로 가고 싶다」 전문

그렇지 않은가, 유년의 기억을 매개하는 공간으로서 '집'만 한 대표성을 가진 어휘가 또 어디 있는가. 시인은 직접적으로 "아무렇지도 않게 오늘을 털고 집으로 돌아가던/지금이 소꿉놀이 중이라면 좋겠다"고 토로한다. 나아가 "지금의 무거운 소꿉놀이 모두 접어버리고" 그렇게 하고 싶다고 한다. 그 이유는 "내일은 없고 오늘만 있는,/사는 것을 아무렇지 않게 놓아버리고" 싶기 때문이다. '그 집'에는 '어머니'가 있고, '할머니'가 계시고 가장 중요한 이유인 '유년의 나'가 있기 때문이다. 이 '나'는 '할머니→ 어머니→ 딸(나)'의 종적 연대 속에 놓여 있다. 여기에는 행복한 기억, 가령 "땅거미 내려앉는 빈 장터/열한 살의 내 문수에 딱 맞는,/빨간 샌들이 나를 놓아주지 않았다/샌들과 갈치 자반고등어 돼지고기/할머니가 좋아하시는 쇠고기 한 근 값을 치루고 나면/어머니의 주머니는 금세 가벼워졌지만/웃음만은 함박꽃보다 크고 밝았다"(「장날」)는 환하고 긍정적인 면도 있지만, 「가을 속」에서처럼 "사내로 태어나지 못한 전생을 원망하며/꿈틀거리는 꿈조차 헛된 욕심이 되어버리는/수평저울에 올라가지 못하는 사랑의 편애/여자가 여자에게서 홀대받는 이유를 헤아릴 수 없었다/함께 울어야 할, 어미의 새끼가 아니라고/애써 벗어나고 싶은 날"의 어둡고 부정적인 측면도 상존한다.

어둡고 부정적인 기억을 시적으로 형상화하는 것은 웬만한 배포와 용기가 아니고서는 쉽지 않은 일이다. 하지만 여기서 더 주목해야 할 점은 시인이 이미 한 차례의 '환절기'를 지나 '할머니-어머니-나'의 종적 연대를 확산했다는 점인데, "모처럼 세 여자가 만나 가을비를 맞는다/그토록 여자인 딸을 냉대하던 어머니와/나의 귀한 딸"(「가을 속」)에서 드러나는 것처럼 '어머니→ 나(시인)→ 딸'로 확산된 연대의 중심축으로 자리한다는 점이다. 즉, 시인이 어머니의 입장이 되어 어머니를 이해할 수 있게 되었다는 점을 주목해야 한다.

이번 시집에는 '집' 말고도 '불', '정원', '손' 등이 유년의 기억을 촉발하는 계기적 어휘로 등장하고 있다. 가령, 「아버지의 정원」은 "나의 결혼과 함께 사라진 아버지의 정원/이사를 하던 날/내 눈에는 핏빛 영산홍이 피었고/아버지의 정원을 몽땅 내 안으로 옮겨야 했다/영원히 시들지 않을 오월의 그 정원"처럼 회한의 정서로 갈음되고 있지만 시인이 왜 그토록 봄을 기다리고 4월과 5월 사이에서 '환절기'를 앓는지를 유추할 수 있게 해준다. 그것은 일종의 '실락원' 감정이라 할 수 있는데, 5월은 항상 "연둣빛 바람이 기억을 몰고 온다/고향집 툇마루로 달려간 나는/실눈 사이로 들어오는 햇살과 흔쾌히 조우한다/늘 바쁘기만 하던 어머니와/정원수를 다듬던 아버지의 모습"을 볼 수 있기 때문이다.

또 하나 특징으로 살펴보아야 할 것은 '손'의 이미지다. 시인의 기억 속에서 어떤 전형으로 자리매김한 할머니의 손을 그린 「약손」이나 "오선지를 그리고 음표를 새겨 숙제를 대신 해주고/운동회가 있는 날은 각시탈을 만들어/아이들의 부러움을 사주었다/다급한 사람들의 도장을 새겨 꾹꾹 찍어주었고/고장 난 전자제품들은 아버지를 만나면/부러진 팔다리가 쌩쌩 날아올랐다"는 「아버지의 손」 등이 그것이다. 이 작품들을 주목해야 하는 이유는 시인이 스스로 "쌓이는 일들을/마다하지 않는 나의 두 손"(「손」)이라고 밝힌 것처럼 오늘의 삶의 자세가 집안의 내력으로부터 이어졌다는 점이 드러나기 때문이다.

3.

김복순 시인은 삶의 변곡점마다 맞이한 환절기의 병, 기침과 배앓이로 비유된 불편함, 즉 내적 갈등을 유년의 기억에서 뽑아 올린 긍정과 위로의 힘으로 극복해왔다고 볼 수 있다. 이러한 생활의 연속은 자연스럽게 시인의 후대에게도 연결되기 마련이다. 가령, 「눈발」에서 새벽 눈길을 함께 나선 아들에게 전철 안에서 독백으로 들려주는 "아들아,/먼 길 때로는 천천히 돌아서 가고/힘들 땐 쉬었다 가렴/환승역도 있으니 갈아타야 할 때도 있단다"와 같은 권면이 그것이다. 하지만 일상이란 쉼 없이 밀려드는 위기와 선택의 연속이고, 나의 문제가 오롯이 나 개인의 문제로 끝나지 않을 때가 태반이다. 개인의 서정적 사유가 그 층위를 높여 이웃과 사회와 민족과 인류 같은 상위의 문제들과 직면해야 할 이유가 여기에 있다. 이웃들 또한 나와 같은 삶의 질곡 속에서 그들의 환절기를 앓으며 생의 변곡점을 지나고 있기 때문이다.

이슥한 밤
검불이 다된 노파가 찜질방엘 들어선다
얼마나 시장하였는지
온몸으로 비벼도 잘 섞이지 않은 비빔밥이
그렁그렁 목줄을 타고 간신히 넘어간다
멀리서 아들네를 찾아왔으나
깊은 밤 며느리에게 민폐가 될 것 같아서란다

—「천륜의 진화」 부분

이 작품의 정경은 애틋하면서 쓸쓸하다. "멀리서 아들네를 찾아왔으나/깊은 밤 며느리에게 민폐가 될 것 같아" 이슥한 밤 '찜질방'에 찾아든 '노파'는 이중의 감정을 불러일으키는 대상이 되고 만다. "며느리는 아들과 달라 관계의 유지를 지켜야 한다고/아들네 코앞에 두고 찜질방부터 찾은 것"이라는 부분에서 일종의 이기심 내지는 편 가르기의 부정적 그늘이 엿보인다면, "넘겨주고 싶은 마지막 배려로/시골 집문서를 꼭 껴안은 채 노파는 곤히 잠든" 모습에서 무한한 자기희생의 면모도 드러나기 때문이다. 시인은 그 순간 "내 어머니를 닮은 노파를 보며/먼 후일 내 아들과의 해후를 떠올려본다". 이 이중적 감정에서 단지 배척이나 감정이입의 태도가 아니라 '이해와 극복'이라는 새로운 방식을 모색하는 것이다. 시인이 이런 태도를 취할 수 있는 것은 '비빔밥'이라는 상징적 어휘를 통해 살펴볼 수 있는데, 그 노파가 "온몸으로 비벼도 잘 섞이지 않은 비빔밥"을 '간신히 넘'기는 모습에서 시인 또한 "실타래처럼 얽혀가던 일상/매듭을 풀어보려고 하면 할수록/더 엉켜버리곤 한다/딸아이의 학과수업에 문제가 발생하고/이 년 동안 준비한 아들의 편입시험도/불안을 몰고"(「비빔밥」) 왔을 때 '누런 양푼'에 비빔밥을 비볐던 기억이 있기 때문이다. 다시 말해, 노파의 불안과 배려가 곧 시인의 그것으로 치환되었기 때문에 타인의 삶이 그저 남의 일이 아니었던 것이다. 시적 인식의 확산은 필연적으로 시적 대상의 확대를 불러온다. 시인의 관심은 이제 계절적 순환의 부자연스러움까지 넓어진다.

겨울과 봄의 교차로에서
조숙한 꽃들은 때 아닌 폭설에 입술을 다물고 만다
예정된 축제의 태엽들이 헝클어진다
—벚꽃 축제를 앞당깁니다.
—벚꽃 축제에 벚꽃이 없습니다.
무성한 변명들이 펄럭이고 있다
겨울을 차단하느라 엄청난 열기와 빛을 남용한
인간의 이기심이 남긴 부산물이다
꽃이 피고 지는 자연의 법칙이 뒤집히고 있다

씨앗을 품고 발아를 꿈꾸는 절기가 소멸되고 있다

—「봄의 부재」 부분

앞에서 살펴본 것처럼 시인에게 '봄'은 특별한 의미를 지니고 있다. 그런데 그 '봄'이 '부재'하고 있다. 비록 '벚꽃 축제'를 소재로 했고, 지구온난화에 따른 잦은 이상기후의 탓이란 것쯤은 상식으로 이해할 수 있지만 시인은 여기서 한 걸음 더 나아가 "겨울을 차단하느라 엄청난 열기와 빛을 남용한/인간의 이기심이 남긴 부산물"이라고 못 박고 있다. 이기심으로 인해 발생하는 폐해는 비단 나무에게만 국한된 것이 아니다. 가령, 「평택」에서는 "도랑을 따라가면 배꽃이 마중 나오던 곳/전답을 뒤집는 중장비의 난폭함에/실개천이 죽어가고 있다/복개공사를 미끼로 마구 파헤쳐지는 현장/물길 잃은 도랑에 폐자재가 쌓이자/물고기는 산란조차 멈추고 만다/조상 땅을 외치던 현수막은/원주민들을 낯선 터전으로 쫓아버리고/특별 분양을 외치는 소문만 무성하다/듬성듬성 솟구치는 초고층 아파트의 불빛은/집 없는 사람들을 더 아프게 찔러"대는 난개발상을 힘주어 고발한다. 시인은 그가 쌓아온 서정의 힘으로 개인의 이기심이 아닌 '인간의 법 위에', '자연의 법 위에' 그 행위가 기초해야 함을 힘주어 말한다.

겨울을 채비하며 호박을 거둔다
줄기와 잎이 말라가자
여기저기 나뒹굴어진 호박들의 실체

누렇게 잘 익었거나 푸르스름한 것들을
소중한 보물처럼 거둔다
마지막 명줄을 놓아버린 늙은 호박들
한파에 떨고 있는 모양새가
먼 훗날의 내 모습을 보여주는 것 같아서
흙을 털고 가슴에 안는다
잘 익은 호박 한 덩이
누군가에게는 음식으로
누군가에게는 보약으로 돌아갈 것이다
노년의 연륜 값을 톡톡히 올리며
늙은 호박의 보약 같은 존재가 되고자,

—「호박」 전문

김복순 시인은 '지천명'을 지나 '노년'의 자기 초상(肖像)을 '늙은 호박'에 비유한다. "마지막 명줄을 놓아버린 늙은 호박들"은 그 모양은 초라하고 애처로울지 모르지만, "누군가에게는 음식으로/누군가에게는 보약으로 돌아갈 것이다". 그렇게 새로운 에너지로 재탄생하면서 그의 특이성을 완성할 것이다. 시인 또한 이와 같을 것이라 믿어 의심치 않는다.

이 도서의 국립중앙도서관 출판시도서목록(CIP)은 서지정보유통지원시스템 홈페이지(http://seoji.nl.go.kr)와 국가자료공동목록시스템(http://www.nl.go.kr/kolisnet)에서 이용하실 수 있습니다.(CIP제어번호: CIP2017002777)

문학의전당 시인선 246
목련우체국

초판 1쇄 인쇄 2017년 2월 3일
초판 1쇄 발행 2017년 2월 10일
지은이 김복순
펴낸이 고영
책임편집 류미야
디자인 헤이존
펴낸곳 문학의전당
출판등록 제2017-000002호
주소 서울시 마포구 마포대로 11길 91, 3층
전화 02-852-1977 팩스 02-852-1978
전자우편 sbpoem@naver.com

ISBN 979-11-5896-304-0 03810